Inhalt

Branchenreport MASCHINEN- UND ANLAGENBAU Ausgabe 1/2014

Branchenreport MASCHINEN- UND ANLAGENBAU Ausgabe 1/2014

Robert Reuter

Kernthesen

- Der deutsche Maschinenbau hat 2013 eine Verschnaufpause eingelegt.
- Trotz leichter Rückgänge beim Export konnte dennoch der Produktionswert des Jahres 2012 erneut erreicht werden.
- Im laufenden Jahr will der Maschinenbau wieder zulegen. Anvisiert ist ein Produktionszuwachs von drei Prozent.
- Die ersten Monate dieses Jahres verliefen allerdings schleppend. Der Spitzenverband der Branche hält jedoch bisher noch an

seiner Prognose fest.

Beitrag

Der deutsche Maschinen- und Anlagenbau

Die Hersteller von Maschinen und Anlagen in Deutschland haben im vergangenen Jahr wie befürchtet eine Wachstumspause einlegen müssen. Noch im Herbst 2013 war die Branche bei der Produktion sogar von einem Rückgang ausgegangen. Derzeit sieht es so aus, als dass der Produktionswert des Jahres 2012 doch wieder knapp erreicht werden konnte. Die Hoffnung, 2013 den Wert des letzten Rekordjahres 2008 zu übertreffen, hat sich damit nicht erfüllt.

Besonders stark schlug ins Kontor, dass die besonders exportabhängige Branche in Europa und Übersee keine Zuwächse erzielen konnte. So lag das Exportvolumen 2013 bei 149 Milliarden Euro und damit um 0,3 Prozent unter dem Wert des Vorjahres.

Der Maschinenbau setzt nun alle Hoffnungen auf das laufende Jahr. Anvisiert ist ein Zuwachs von drei Prozent, der der Branche einen neuen

Produktionsrekord von 200 Milliarden Euro einbringen würde. Allerdings hat sich die euphorische Erwartung vom Anfang dieses Jahres schon wieder eingetrübt. So lag der Auftragseingang im Februar um vier Prozent unter dem Vorjahreswert. Der Inlandsabsatz sank sogar um sechs Prozent, während der Export im Vorjahresvergleich um drei Prozent zurückging. Auch der von kurzfristigen Schwankungen weniger beeinflusste Dreimonatsvergleich belegt die schwache Maschinenkonjunktur. Demnach sanken die Bestellungen zwischen Dezember 2013 und Februar 2014 um ein Prozent. Das Minus bei den Inlandsorders lag bei fünf Prozent, während die Auslandsaufträge stagnierten. Noch hält der Verband Deutscher Maschinen- und Anlagenbau (VDMA) an seiner Prognose jedoch fest. (1), (2), (4), [Abb. 1]

Beschäftigung

Der deutsche Maschinenbau ist mittelständisch geprägt. Von den rund 6 000 Unternehmen haben zwei Drittel weniger als 100 Beschäftigte, 90 Prozent der Unternehmen haben weniger als 250 Mitarbeiter. 2013 arbeiteten 988 000 Menschen im Maschinenbau. Gegenüber dem Vorjahr bedeutete dies - trotz des ausbleibenden Wachstums - ein Plus von 10 000 Mitarbeitern. (3)

Weltweiter Maschinenmarkt

Das weltweit mit Maschinen erwirtschaftete Volumen liegt nach Angaben des VDMA bei 2,2 Billionen Euro. Größtes Herstellerland ist China, das über einen Weltmarktanteil von 34 Prozent verfügt. Auf dem zweiten Platz folgen die USA mit 15 Prozent, drittgrößter Hersteller ist Deutschland mit elf Prozent. Japan hat mit neun Prozent den vierten Platz inne.

Die Expansion Chinas auf dem weltweiten Maschinenmarkt hatte in den letzten Jahren ein enormes Tempo. So stieg der Anteil chinesischer Firmen am Weltmarkt innerhalb von nur vier Jahren um 50 Prozent. Dieser Zuwachs ging auch zu Lasten der deutschen Hersteller, deren Anteil im gleichen Zeitraum um drei Prozent zurückging. Die in vielen Bereichen bestehende technologische Führerschaft hat der deutsche Maschinenbau indessen bis heute verteidigen können. (5)

Export

Der deutsche Maschinenbau exportiert traditionell mehr als drei Viertel seiner Erzeugnisse in andere Länder. Wichtigstes Abnehmerland ist China, das aber infolge der sich verlangsamenden Aufholjagd beim Import deutscher Maschinen nicht mehr die gleichen Wachstumzahlen liefert wie noch vor zwei Jahren. Insgesamt haben die deutschen Hersteller 2013 um 0,3 Prozent weniger Maschinen exportiert als im Jahr davor.

Die Ausfuhren ins Reich der Mitte sanken 2013 um 3,7 Prozent. Auch die anderen drei BRIC-Staaten Brasilien, Russland und Indien orderten im vergangenen Jahr weniger deutsche Maschinen. Kompensiert wurde der Rückgang durch höhere Exporte in die Türkei und nach Südkorea, wobei die Zuwächse hier im zweistelligen Bereich lagen. Mehr deutsche Maschinen gingen auch in die USA (plus 0,9 Prozent) und in die Länder der Europäischen Union (plus 2,1 Prozent). Insgesamt entfielen 40,8 Prozent der Exporte auf die EU-Nachbarländer, elf Prozent gingen nach China und 9,5 Prozent in die USA. (6)

Binnenmarkt

Auch auf dem Inlandsmarkt verkauften die Hersteller weniger Maschinen als im Jahr davor. Auf dem deutschen Markt lag das Minus bei zwei Prozent. Der zurückgehende Bestelleingang auch in den ersten Monaten des laufenden Jahres lässt befürchten, dass der Binnenmarkt die schwache Auslandsnachfrage nicht kompensieren kann. Zwischen Dezember 2013 und Februar 2014 lag der Ordereingang aus

Deutschland bei minus fünf Prozent. (2)

Ausgewählte Sparten des Maschinenbaus

Werkzeugmaschinenbau

Deutlich besser als der Gesamtmaschinenbau hat 2013 der Werkzeugmaschinenbau abgeschnitten. Die zu den fünf größten Fachzweigen im Maschinenbau gehörende Teilbranche hat im vergangenen Jahr mit rund 71 400 Mitarbeitern Maschinen und Dienstleistungen im Wert von insgesamt 14,5 Milliarden Euro verkauft. Das entsprach einem Zuwachs von zwei Prozent gegenüber 2012 und bedeutet gleichzeitig einen neuen Rekordwert. Unberührt blieb der Werkzeugmaschinenbau von der lahmenden Konjunktur jedoch nicht. So lag der Auftragseingang 2013 um sechs Prozent unter dem Vorjahreswert. Da der deutsche Maschinenbau wegen prinzipiell hoher Bestellzahlen oft auf Monate hinaus ausgelastet ist, konnte die Werkzeugmaschinenbranche jedoch von der hohen Reichweite der Auftragslage profitieren. Trotz der rückläufigen Orders erreichte der Werkzeugmaschinenbau im vergangenen Jahr eine

Auslastung von fast 93 Prozent.

Für das laufende Jahr setzen die Werkzeugmaschinenhersteller auf wieder anziehende Bestellungen in zweistelligen Bereich. Bei der Produktion erwartet die Branche ein Plus von vier Prozent auf dann 15,1 Milliarden Euro. Die Prognose liegt deutlich über den Aussichten des Gesamtmaschinenbaus, der sich im ersten Quartal dieses Jahres schwer tat. Beim Werkzeugmaschinenbau hingegen scheint der Optimismus berechtigt zu sein. Die Unternehmen haben in den ersten drei Monaten dieses Jahres beim Auftragseingang ein Plus von zehn Prozent verzeichnet, wobei die Auslandsbestellungen um fünf, die Inlandsorders sogar um 20 Prozent zulegten. Alleine aus Asien und Amerika war ein Orderplus von neun Prozent zu verzeichnen, während diesmal die Kunden in den EU-Ländern zurückhaltender bestellten. Das erste Quartal gibt damit einen Hinweis darauf, dass die deutsche Werkzeugmaschinenbranche auch in diesem Jahr wieder eine Rekordwert bei der Produktion erzielen könnte. (7), [Abb. 2]

Druckmaschinenbau und Papierverarbeitung

Der deutsche Druckmaschinenbau hingegen zeigte auch 2013 die gewohnt verhaltene Entwicklung. Wieder gingen die Umsätze zurück, und zwar um acht Prozent gegenüber dem Vorjahr. Der Auftragseingang schrumpfte um zehn Prozent. Als Hauptursache für die Rückgänge gibt die Branche die sinkende Nachfrage in den BRIC-Staaten an.

Innerhalb der Branche gibt es jedoch Unterschiede. So verzeichneten Hersteller von Maschinen, Anlagen und Komponenten zur Herstellung von Papier um 14 Prozent höhere Umsätze als 2012. Bergab hingegen ging es mit den originären Druckmaschinen, die zur Herstellung von Printprodukten dienen. Hier lag das Umsatzminus bei zehn Prozent, die Aufträge gaben um neun Prozent nach. Noch schlechter standen die Hersteller von Papierverarbeitungsmaschinen da. Sie verzeichneten 2013 ein Umsatzminus von 14 Prozent, der Auftragseingang gab hier um vier Prozent leicht nach.

Auch für den Druckmaschinenbau ist China mittlerweile der größte Auslandsmarkt, so dass sich die konjunkturelle Abkühlung im Reich der Mitte besonders bemerkbar macht. So sank der Export nach China insgesamt um 12,5 Prozent, wobei die Hersteller von Papiertechnik (minus 17,6 Prozent) und Papierverarbeitungsmaschinen (minus 16,6 Prozent) stärker betroffen waren als der Druckmaschinenbau (minus 8,7 Prozent). Nach Indien wurden um 19

Prozent weniger Druckmaschinen verschickt, bei Papierverarbeitungsmaschinen lag das Minus sogar bei 34 Prozent. Auch in Brasilien und Russland blieben die Geschäfte hinter den Erwartungen zurück. Angesichts der schwachen Auftragslage erstaunlich hoch lag die Auslastung der deutschen Unternehmen. Sie betrug auch 2013 etwa 75 Prozent, was dafür spricht, dass die Branche ihre Kapazitäten an die veränderte Marktlage angepasst hat. (9)

Landmaschinenbau

Ihren Erfolgsweg der vergangenen Jahre haben hingegen die Landmaschinenhersteller fortgesetzt. So steht auch 2013 wieder ein Rekordumsatz zu Buche, der diesmal bei 8,36 Milliarden Euro lag. Dies bedeutet bei den Erlösen einen Zuwachs um neun Prozent im Vergleich mit 2012. Fast die Hälfte der Umsätze wurde durch Traktoren erzielt, das Plus lag hier bei 16 Prozent auf 4,13 Milliarden Euro. 63 600 Traktoren markieren den zweithöchsten Wert der vergangenen 20 Jahre, 50 000 gingen in den Export. Wichtigster Abnehmer deutscher Landtechnik ist Frankreich, das im Vergleich mit dem Vorjahr rund ein Drittel mehr deutsche Traktoren, Mähdrescher und Kleinmaschinen orderte. Zweitgrößter Abnehmer sind die USA.

Für 2014 ist die Teilbranche nicht ganz so

optimistisch. Da die Nachfrage in den wichtigen Märkten Frankreich, USA und Russland leicht sinkt, geht der Landmaschinenbau für das laufende Jahr von einem Umsatzrückgang von etwa drei Prozent aus. Für den deutschen Binnenmarkt ist eine gleichbleibende Nachfrage auf dem hohen Niveau des Vorjahres prognostiziert. Rund ein Viertel seiner Erlöse erwirtschaften die Unternehmen auf ihrem Heimatmarkt, 75 Prozent der Maschinen gehen in den Export. (8)

Großanlagenbau

Der deutsche Großanlagenbau hat 2013 um drei Prozent mehr Aufträge erhalten als im Vorjahr. Die eigentlich gute Entwicklung löste dennoch keine Euphorie aus, denn für 2014 sieht es schlechter aus. Insbesondere bekommen die deutschen Anbieter die wachsende Konkurrenz aus Asien zu spüren. Diese drückt auf die Preise, weshalb der Großanlagenbau für das laufende Jahr mit eine Stagnation rechnet. Ein Lichtblick ist indessen der Schiefergasboom in den USA, von dem auch die deutschen Anlagenhersteller profitieren.

2013 lag das Volumen der Auslandsaufträge bei 16,7 Milliarden Euro, im Vorjahr waren es 16,6 Milliarden Euro. Besonders positiv bewertet die Branche den Umstand, dass im letzten Jahr erstmals auch wieder

Aufträge aus europäischen Krisenländern kamen. So wurden unter anderen metallurgische Großanlagen sowohl nach Griechenland als auch nach Portugal geliefert. Getrübt wurde die Exportsituation indessen durch Währungsturbulenzen und politische Konflikte in Nordafrika, Südamerika, Osteuropa und im Nahen Osten. China und Indien hingegen bestellten auch 2013 Anlagen im Wert von jeweils über einer Milliarde Euro und blieben so die Kernabsatzmärkte des deutschen Großanlagenbaus. Alleine 40 Großaufträge für Kraftwerke, Chemieanlagen und Stahlfabriken gingen von beiden Schwellenländern an deutsche Unternehmen.

Besonders erfolgreich zeigte sich der Chemieanlagenbau. Die Branche verbuchte 2013 Aufträge in der Höhe von 1,6 Milliarden Euro, was gegenüber 2012 eine Verdreifachung des Auftragsvolumens bedeutet. Alleine eine Milliarde Euro schwer waren die Orders aus den USA. Der Chemieanlagenbau profitiert damit besonders stark vom Schiefergasboom.

Gleichwohl bleibt der schärfer werdende Wettbewerb ein Problem für die Anlagenbauer. So konnten deutsche Unternehmen 2013 kein einziges der international ausgeschriebenen Megaprojekte gewinnen. Zudem muss sich die Branche damit abfinden, dass die Betreiber von Atomanlagen ihre Investitionen in die dem Ende zugehende Technologie zurückfahren. (10)

Stahl- und metallverarbeitende Industrie

Mit rund 43 Millionen jährlich ist Deutschland der größte Stahlerzeuger in der Europäischen Union. Im weltweiten Ranking nimmt die deutsche Stahlerzeugung Rang sieben ein. Gleichwohl leidet die Branche noch immer unter dem Einbruch durch die Weltwirtschaftskrise vor sechs Jahren. Noch heute produzieren die deutschen Stahlkocher 30 Prozent weniger Stahl als in den letzten Boomjahren 2007/2008. Überkapazitäten sind darum weiterhin das Hauptproblem der Branche. Nach wie vor halten die Stahlerzeuger der Europäischen Union Kapazitäten für 230 Millionen Tonnen Stahl jährlich vor, nur 166 Millionen Tonnen wurden beispielsweise 2013 gebraucht. Dies drückt auf die Preise, noch dazu verursachen unausgelastete Stahlwerke erhebliche Kosten. Die drei größten in Deutschland produzierenden Stahlanbieter sind ThyssenKrupp, Salzgitter und ArcelorMittal.

2013 hat darum für die deutschen Erzeuger - wie schon 2012 - einen Rückgang bei der erzeugten Stahlmenge gebracht. 500 000 Tonnen weniger Stahl bedeuteten einen Ausstoß von 42,2 Millionen Tonnen, nach 42,7 Millionen Tonnen im Jahr davor. In das laufende Jahr ist die Stahlindustrie mit einigem Schwung gestartet. So kletterte die Rohstahlproduktion im Januar um gut zwei Prozent im Vorjahresvergleich. Schon im vierten Quartal 2013 hatten die Erzeuger überraschend hohe Zuwächse erzielt, nämlich um sieben Prozent.

Die positiven Signale sind auch an der Bilanz der deutschen Nummer eins ThyssenKrupp abzulesen. Der seit Jahren schlingernde Konzern hat im ersten Quartal 2014 erstmals seit zwei Jahren wieder Geld verdient. Unter dem Strich stand ein Gewinn von 269 Millionen Euro. Noch im Vorjahr hatte ThyssenKrupp einen Verlust von 1,5 Milliarden Euro eingefahren. Wegen seiner angeschlagenen Finanzen steht der Konzern ganz oben auf der Wunschliste von Investoren, die ThyssenKrupp günstig übernehmen und dann filetieren wollen. Die Konzernspitze beteuert aber, die Einheit des Unternehmens erhalten zu wollen.

Die Salzgitter AG hat 2013 einen Vorsteuerverlust von 478 Millionen Euro erlitten. Das Unternehmen ist aber optimistisch, 2014 von der anziehenden Stahlkonjunktur zu profitieren und peilt ein Vorsteuerergebnis nahe der Gewinnschwelle an.

Die dritthöchste Stahlmenge in Deutschland erzeugt der international aufgestellte Großkonzern ArcelorMittal. Das Unternehmen hat von allen

Produzenten am konsequentesten auf die Überkapazitäten reagiert und vier seiner Werke in Frankreich und Belgien geschlossen. ArcelorMittal hat im Schlussquartal 2013 einen um 23 Prozent gestiegenen Gewinn präsentiert und will den operativen Gewinn im laufenden Geschäftsjahr um 16 Prozent steigern. Die optimistische Prognose und das gute Ergebnis im letzten Quartal 2013 können jedoch nicht überdecken, dass auch Arcelor von der europäischen Stahlkrise stark betroffen ist. Insgesamt musste der Konzern 2013 einen hohen Verlust von 2,5 Milliarden Euro melden. Im Jahr davor hatte das Gesamtminus sogar 3,4 Milliarden Euro betragen. (11), (13), (14), (15), [Abb. 3]

Trends

Stahlindustrie braucht Innovationen

Eine von der Wirtschaftsprüfungsgesellschaft KPMG durchgeführte Experten-Studie hat die Zukunftsperspektiven der Stahlindustrie untersucht. Die Ergebnisse zeigen, dass sich die in Europa seit Jahren schwächelnde Branche davon verabschieden muss, den Erfolg ausschließlich am Stahlausstoß zu bemessen. Stattdessen sind die Erzeuger gefordert, nach Innovationen zu suchen, etwa durch die Herstellung spezieller Stahlsorten und durch höhere Energieeffizienz. Wie es auch anders gehen kann, zeigt der österreichische Stahlkonzern Voestalpine. Das Unternehmen setzt nicht mehr nur auf die massenhafte Produktion einfachen Stahls, sondern produziert heute hoch spezialisierte Stähle etwa für den Bau von Schienen oder Ölpipelines. Voestalpine war für seinen Strategiewechsel von den Wettbewerbern zunächst belächelt worden, kann heute aber eine Gewinnmarge vorweisen, von der die deutschen Stahlerzeuger weit entfernt sind. (12)

China sagt deutschen Maschinenherstellern den Kampf an

Das Reich der Mitte hat sich in seinem aktuellen Fünfjahresplan explizit das Ziel gesetzt, der technologischen Führerschaft der deutschen und europäischen Maschinenhersteller den Rang abzulaufen. Hierfür will China künftig High-End-Produktionsausrüstungen entwickeln. Ziel ist es, den eigenen Markt stärker mit eigenen Produkten beliefern zu können und sich so von den derzeit hohen Importen insbesondere aus Deutschland unabhängig zu machen. Deutsche Unternehmen bleiben derweil nicht untätig. Sie wollen ihre eigene Strategie dahingehen modifizieren, stärker auch für das mittlere Maschinensegment zu produzieren. Hier bestehen nach Ansicht des VDMA zukünftig die größten Wachstumschancen. Für die deutschen Hersteller bedeutet dies, nicht mehr überall nach High-Tech-Lösungen zu suchen, sondern auch einfachere und dadurch billigere Maschinen anzubieten. (16)

Zahlen & Fakten

Abbildung 1:

Altes Rekordniveau im Visier

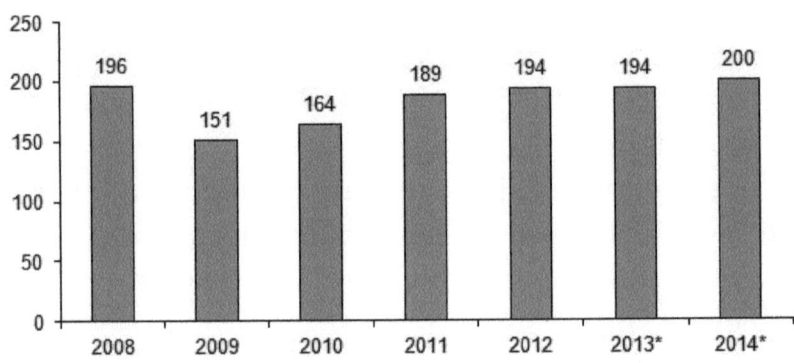

Produktionswerte des deutschen Maschinenbaus in Milliarden Euro

*= Schätzungen

GBI-Genios Grafik

Quelle: Destatis / VDMA / Eigene Recherchen
Entnommen aus: Börsen-Zeitung, 08.04.2014, Nr. 68, S. 13

Abbildung 2:

Ungebremste Rekordjagd

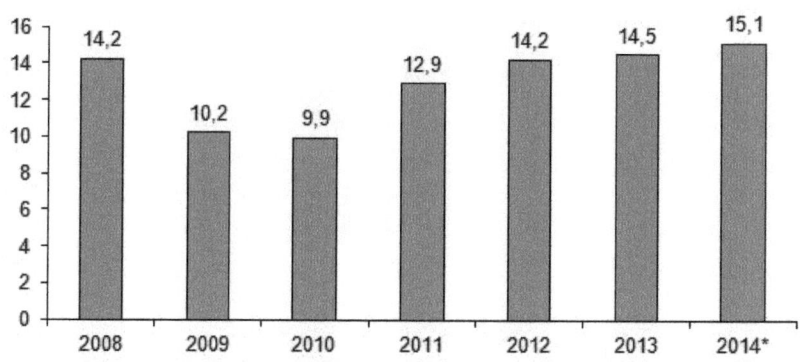

Deutsche Werkzeugmaschinenproduktion in Milliarden Euro

*= Prognose

GBI-Genios Grafik

Quelle: VDW Entnommen aus: Frankfurter Allgemeine Zeitung, 07.02.2014, Nr. 32, S. 21

Abbildung 3:

Zuwächse nur in Asien

Weltweite Rohlstahlproduktion 2013
Veränderungen zum Vorjahr

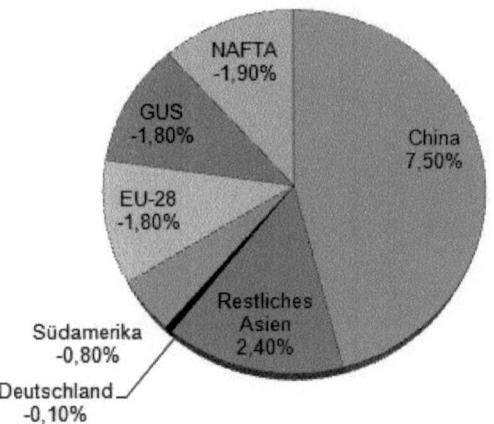

GBI-Genios Grafik

Quelle: Worldsteel, Wirtschaftsvereinigung Stahl
Entnommen aus: Börsen-Zeitung, 12.02.2014, Nr. 29, S. 11

Weiterführende Literatur

(1) Maschinenbau verharrt in Lauerstellung
aus Ke - konstruktion + engineering, Heft 04/2014, S. 64

(2) VDMA Maschinenbauaufträge gehen deutlich zurück
aus www.maschinenmarkt.de vom 01.04.2014

(3) Die Informatik treibt den Maschinenbau an
aus VDI NR. 06 VOM 07.02.2014 SEITE 17

(4) Studie Investitionsschwäche gefährdet deutschen Maschinenbau
aus www.maschinenmarkt.de vom 02.04.2014

(5) Chinas Firmen bedrohen deutschen Maschinenbau
aus Welt online vom 27.03.2014

(6) Maschinenexporte erreichen fast das Vorjahresniveau
aus VDI NR. 09 VOM 28.02.2014 SEITE 10

(7) 2013 - kein Jahr für Investitionen
aus Ke - konstruktion + engineering, Heft 03/2014, S. 50

(8) Abermals Rekordumsatz der deutschen Landmaschinen- und Traktorenhersteller
aus Agra-Europe (AgE), 55. Jahrgang Nr. 8 vom 17.02.2014

(9) Rückläufiges Geschäftsjahr 2013
aus Wochenblatt für Papierfabrikation Nr. 03 vom 24.03.2014 Seite 138 bis 139

(10) Großanlagenbau Druck zur Internationalisierung wächst
aus www.maschinenmarkt.de vom 25.03.2014

(11) Allenfalls in Trippelschritten aus der Krise Europäische Stahlindustrie erwartet keinen raschen Aufschwung - Weitere Konsolidierung - Ärger über Energiekosten in Deutschland

aus Börsen-Zeitung, 12.02.2014, Nummer 29, Seite 11

(12) Stahl im Jahr 2020: Szenarien undTrends derglobalen Entwicklung
aus Kurier (Österreich) vom 27.02.2014, Seite 10

(13) ThyssenKrupp sieht Stahlstandort Deutschland in Gefahr
aus manager-magazin.de vom 01.03.2014

(14) Salzgitter zahlt Dividende trotz hoher Verluste
aus DIE WELT, 29.03.2014, Nr. 75, S. 11

(15) Stahlharte Chance ArcelorMittal Der weltgrößte Stahlkonzern zeigt sich zuversichtlich für 2014. Die Dollar-Anleihen des Unternehmens bieten mutigen Anlegern eine interessante Renditechance
aus Euro am Sonntag, 22.02.2014, Nr. 8, S. 54

(16) Strategische Agenda China bläst zum Angriff auf den deutschen Maschinenbau
aus Markt & Technik, Heft 10/2014, S. 19

Impressum

Branchenreport MASCHINEN- UND ANLAGENBAU Ausgabe 1/2014

Bibliografische Information der deutschen Nationalbibliothek

Die Deutsche Nationalbibliothek verzeichnet diese Publikation in der deutschen Nationalbibliografie; detaillierte bibliografische Daten sind im Internet über http://dnb.d-nb.de abrufbar.

ISBN: 978-3-7379-5666-6

© 2015 GBI-Genios Deutsche Wirtschaftsdatenbank GmbH, Freischützstraße 96, 81927 München, www.genios.de

Vervielfältigungen (Fotokopie/Mikroskopie), Übersetzungen, Auswertungen durch Datenbanken oder ähnliche Einrichtungen und die Einspeicherung und Verarbeitung in elektronischen Systemen.